全国高等职业院校电子商务专业教材

跨境电子商务实务 习题册

唐艳◎主编

中国劳动社会保障出版社

简　介

本习题册与全国高等职业院校电子商务专业教材《跨境电子商务实务》配套使用。习题册按照教材项目顺序编排，包括填空题、单选题、判断题、名词解释、简答题和综合训练题等多种题型，供学生课后练习使用。

本习题册由唐艳主编，张梦雅、龙登科参编。

图书在版编目（CIP）数据

跨境电子商务实务习题册 / 唐艳主编. -- 北京：中国劳动社会保障出版社，2023
全国高等职业院校电子商务专业教材
ISBN 978-7-5167-6187-8

Ⅰ. ①跨…　Ⅱ. ①唐…　Ⅲ. ①电子商务－高等职业教育－教学参考资料　Ⅳ. ①F713.36

中国国家版本馆 CIP 数据核字（2023）第 220579 号

中国劳动社会保障出版社出版发行
（北京市惠新东街 1 号　邮政编码：100029）

*

三河市潮河印业有限公司印刷装订　　新华书店经销

787 毫米 ×1092 毫米　16 开本　5 印张　86 千字
2023 年 11 月第 1 版　　2025 年 12 月第 3 次印刷
定价：11.00 元

营销中心电话：400-606-6496
出版社网址：http://www.class.com.cn
http://jg.class.com.cn

目　录

项目一　跨境电商入门 1

任务 1　认识跨境电子商务 1

任务 2　选择跨境电商平台 5

任务 3　开设平台店铺 7

项目二　海外市场调研与选品 11

任务 1　海外市场调研与分析 11

任务 2　跨境电商选品分析 13

任务 3　确定跨境商品价格 17

项目三　跨境电商物流方案设计 21

任务 1　选择跨境物流方式 21

任务 2　设计跨境电商物流方案 25

任务 3　设置店铺物流模板 30

项目四　跨境店铺运营 33

任务 1　商品上架与发布 33

任务 2　店铺设计与装修 37

任务 3　店铺商品 Listing 优化 40

任务 4　店铺订单处理 45

项目五　跨境电商营销推广 49

任务 1　策划专题推广活动 49

任务 2　开展站内营销推广 52
任务 3　开展海外社交媒体营销 55
任务 4　开展 EDM 营销推广 59
项目六　跨境电商客户服务 63
任务 1　熟悉客户服务工作内容 63
任务 2　客户交易处理 66
任务 3　管理交易评价 70
任务 4　处理客户纠纷 74

项目一　跨境电商入门

任务 1　认识跨境电子商务

一、填空题

1. 狭义上的跨境电商是指分属________________的交易主体，通过电子商务平台达成交易，进行支付结算，并通过____________送达商品、完成交易的一种国际商业活动。

2. 跨境电商是__________与__________结合而产生的一种新型行业。

3. 跨境零售模式包括__________模式和__________模式。

4. 现在跨境电商零售进口商品按照邮递物品不再征收行邮税，而是按照货物征收________和进口环节增值税、消费税。

二、单选题

1. 下列选项中不属于跨境电商发展意义的是（　　）。

A. 有利于企业转型，拓展发展空间

B. 交易流程更加烦琐，产品价格提高

C. 方便消费者，满足多层次需求

D. 拉动国内需求，促进就业

2. 与传统贸易相比，下列选项中不属于跨境电商特点的是（　　）。

A. 全球性　　B. 虚拟性

C. 延时性　　D. 无纸化

3. 下列选项中，不属于按照交易主体分类的跨境电商基本模式是（　　）。

A. 跨境 B2B　　B. 跨境 B2C

C. 跨境 C2C　　D. 进口跨境电商

4. 关于跨境电商与境内电商的区别，下列选项错误的是（　　）。

A. 交易主体不同　　B. 运营环境不同

C. 网络模式不同　　D. 关税不同

5. 关于跨境电商与传统外贸的区别，下列选项错误的是（　　）。

A. 传播服务的平台不同

B. 交易环节不同

C. 交易方式不同

D. 跨境电商是大批量订单，传统外贸是小批量订单

三、判断题

1. 按照交易主体不同，跨境电商分为进口跨境电商和出口跨境电商。（　　）

2. 跨境电商未来的主流贸易模式是 B2B。（　　）

3. 在跨境贸易中，关境就是国境。（　　）

4. 跨境电商与传统外贸相比，跨境电商的交易环节更多。（　　）

5. 跨境电商 B2C 交易中产生的订单具有小批量、多批次的特点。（　　）

四、名词解释

1. 跨境 B2C 模式

2. 跨境 B2B 模式

3. 跨境 C2C 模式

五、简答题

1. 跨境电商与传统外贸有哪些区别？

2. 跨境电商与境内电商有哪些联系与区别？

六、综合训练题

王某从某进口电商平台购买了一件 A 商品，假设该商品的消费税税率为 30%，增值税税率为 13%，该商品申报价值为 1 000 元（含运费），请计算应缴纳的跨境电商综合税。

任务 2 选择跨境电商平台

一、填空题

1. 速卖通经营的重点是新兴市场，特别是________和________。

2. Wish 平台最大的特点是专注于__________购物，其根据用户喜好，通过精准的算法技术，将商品信息推送给感兴趣的用户。

3. ________于 1995 年创立于美国加利福尼亚州，是一个面向全球消费者的线上购物及拍卖网站。

4. 目前全球最大的 B2B 跨境电商平台是__________________。

二、单选题

1. 下列选项中属于按照商品流动方向分类的跨境电商平台的是（　　）。

A. 出口跨境电商平台　　B. C2C 跨境电商平台

C. 自营型平台　　D. 外贸综合服务平台

2. 以收取商家佣金及增值服务佣金为主要盈利模式的平台被称为（　　）。

A. 第三方开放平台　　B. 自营型平台

C. 第三方 + 自营平台　　D. 一体化进出口平台

3. 有“国际版淘宝”之称的跨境电商平台是（　　）。

A. Amazon　　B. eBay

C. Wish　　D. AliExpress

4. 全球排名第一的移动端跨境电商购物 App 是（　　）。

A. Amazon　　B. eBay

C. Wish　　D. Shopee

5. 下列选项中属于 B2B 跨境电商平台的是（　　）。

A. 亚马逊　　B. 阿里巴巴国际站

C. Wish　　D. eBay

6. 下列选项中属于进口跨境电商平台的是（　　）。

A. 洋码头　　B. eBay

C. 亚马逊　　D. 速卖通

7. 下列选项中属于东南亚地区主要跨境电商平台的是（　　）。

A. Amazon　　B. Lazada

C. Wish　　D. eBay

8. 下列选项中不属于跨境电商经营过程中的“四个流程”问题的是（　　）。

A. 信息流　　B. 贸易流

C. 物流　　D. 供应流

三、判断题

1. Lazada 是阿里巴巴集团旗下的东南亚跨境电商平台。（　　）

2. Shopee 是活跃在东南亚的跨境电商平台，总部设在马来西亚。（　　）

3. 速卖通平台比较适合学习型的创业者入驻。（　　）

4. 亚马逊对卖家要求比较低，平台入驻门槛低。（　　）

5. eBay 主要面向美国和欧洲市场。eBay 开店的门槛相对较低，但需要的审核资料和手续比较多。（　　）

6. “1039” 全称 “跨境贸易电子商务”，该监管方式适用于境内个人或电子商务企业通过电子商务交易平台实现跨境交易。（　　）

四、简答题

1. 简述适合入驻阿里巴巴国际站的企业类型。

2. 跨境电商经营过程中需要解决哪四个流程问题？

五、综合训练题

运用搜索引擎进行网络调研，查找图 1–1 所示跨境电商平台标志代表哪个平台、属于哪种平台类型，并填写在表 1–1 中。

考拉海购	洋码头	小红书	亚马逊 amazon	Lightinthebox.com
TMALL GLOBAL 天猫国际	Walmart	DHgate.com 敦煌网	Shopee	mercado livre
Yandex	trademe Where Kiwis Buy and Sell	Rakuten	全球购 G.TAOBAO.COM	wish

图 1–1　主流跨境电商平台标志

表 1–1　跨境电商平台归类

平台类型	对应的平台标志名称
出口跨境电商平台	
进口跨境电商平台	
本土化跨境电商平台	

任务 3　开设平台店铺

一、填空题

1. __________是阿里巴巴旗下面向海外市场打造的跨境零售平台，是中国最大的跨境电商出口平台。

2. 速卖通交易规则可以在速卖通商家门户网站____________板块下的______频道查询。

3. 速卖通平台根据违规性质不同将违规行为分为 4 种类型，分别是知识产权严重违规、______________________、交易违规及其他、________________。

4. 从 2016 年 4 月开始，所有商家必须以________身份入驻速卖通平台。

二、单选题

1. 下列选项中属于速卖通履约保证金为 5 万元的类目是（　　）。

A. 珠宝手表　　B. 服装服饰

C. 美容个护　　D. 真人发

2. 通过认证的速卖通卖家最多可以在速卖通开设（　　）个虚拟店铺。

A. 5　　B. 2

C. 3　　D. 6

3. 速卖通平台知识产权侵权类型不包括（　　）。

A. 公开权侵权　　B. 商标侵权

C. 著作权侵权　　D. 专利侵权

4. 速卖通平台对商家的违规处罚措施不包括（　　）。

A. 警告　　B. 限制参加营销活动

C. 罚款　　D. 冻结账户

三、判断题

1. 速卖通有权终止、收回未通过身份认证或连续 365 天未登录速卖通或 Trade-Manager 的账户。（　　）

2. 用户在速卖通的账户因严重违规被关闭，可以重新注册新的账号。（　　）

3. 速卖通的会员 ID 在账号注册后是由卖家自行设置的。（　　）

4. 目前个人也可以正常入驻速卖通平台。（　　）

四、名词解释

1. 著作权侵权

2. 商标侵权

3. 专利侵权

五、简答题

1. 简述在速卖通平台开店的流程。

2. 简述速卖通平台对商家入驻的要求。

六、综合训练题

根据表 1–2 所示 ABC 电子商贸有限公司开店信息，按照速卖通平台招商规则，将所需开店资料填在表 1–3 中，将在速卖通平台店铺注册与认证的流程填在表 1–4 中。

表 1–2　　ABC 电子商务有限公司速卖通平台开店信息

姓名	王飞	手机号码	15722223333
英文姓名	Wang Fei	邮箱	WF2022@163.com
开设店铺类型	品牌专营店	店铺名称	ABC Store
二级域名	ABC.aliexpress.com		
联系地址	广东省广州市白云区广花路 1 号		

表 1–3　　速卖通平台品牌专营店开店资料

序号	开店资料内容
1	
2	
3	
4	
5	

表 1–4　　速卖通平台店铺注册与认证流程

步骤	内容
第 1 步	打开速卖通官网（www.aliexpress.com），单击“中国卖家入驻”，进行注册。
第 2 步	
第 3 步	
第 4 步	
第 5 步	
第 6 步	
第 7 步	完成店铺注册、开通与认证。

项目二 海外市场调研与选品

任务 1 海外市场调研与分析

一、填空题

1. 2020 年我国企业入驻的跨境电商平台中，入驻率排列前三名的平台分别是____________、阿里巴巴国际站和__________。

2. 东南亚电商市场产品类目受欢迎程度排名依次为：数码与 3C 产品、____________、家具与电器、________________、食品与个人护理。

3. 美国网购用户在线常用支付方式为________。

4. 在网上支付方式的选择上，巴西人会首选____________。

二、单选题

1. 2021 年欧洲最大的电子商务市场是（　　）。

A. 英国　　B. 德国　　C. 法国　　D. 意大利

2. 下列选项中不属于美国人常用社交平台的是（　　）。

A. Facebook　　B. YouTube

C. Instagram　　D. Line

3. 针对俄罗斯客户，下列给跨境电商卖家的建议中，不合适的是（　　）。

A. 使用英语客服与俄罗斯客户沟通

B. 可以鼓励买家写评论、晒图片

C. 销售服装品类尺码必须按照俄罗斯标准

D. 通过建立 VK 群吸引粉丝

4. 拉美地区 C2C 电商巨头是（ ）。

A. MercadoLibre B. Amazon

C. Zalando D. Otto

5. 下列选项中不属于海外市场环境调研内容的是（ ）。

A. 国外经济环境 B. 国外政治环境

C. 国外法律环境 D. 平台环境

6. 下列选项中不是跨境电商卖家常用的海外市场调研工具的是（ ）。

A. Google Trends B. KeywordSpy

C. Alexa D. VK

三、判断题

1. 巴西消费者在网购过程中比较注重品牌和质量，对商品价格不太敏感。（ ）

2. 俄罗斯工业结构不合理，轻工业比重低，居民消费品缺乏，主要依靠国外进口。（ ）

3. “黑色星期五”是美国有名的购物节日。（ ）

4. VK 是非常受俄罗斯人欢迎的社交网站。（ ）

5. 支付宝是美国人常用的电子支付方式。（ ）

四、简答题

1. 简述海外市场调研的内容。

2. 简述海外市场调研的步骤。

五、综合训练题

以 4 人为一组，调研东南亚地区主要国家（如新加坡、马来西亚、菲律宾、泰国、越南）的消费者电商产品的消费习惯，并撰写调研报告（答题可另附页）。

任务 2　跨境电商选品分析

一、填空题

1. 电商市场由两种“海洋”组成，________代表现今存在的所有产业，________则代表目前未知或待开发的产业。

2. 跨境数据化选品分析主要包含市场容量分析、____________和____________三方面内容。

3. 中国进出口商品交易会简称__________。

4. 跨境电商选品应倾向于选择体积小、重量轻、______________、功能不复杂，而且__________、便于运输、物流成本不高的产品。

二、单选题

1. 下列关于 SKU 的说法，错误的是（　　）。

A. SKU 是品类管理中最基础的概念

B. SKU 是 Stock Keeping Unit 的缩写，指最小库存单元

C. SKU 是商品信息聚合的最小单位

D. 在电商运营中，SKU 也被称为单品

2. 下列选项中属于速卖通平台内部数据分析工具的是（　　）。

A. 生意参谋　　B. Google Trends

C. KeywordSpy　　D. Alexa

3. 下列关于跨境选品的说法，错误的是（　　）。

A. 产品的市场容量和市场潜力是非常关键的选品指标

B. 只有了解不同地区的用户需求和消费偏好，才能正确地进行选品

C. 在速卖通平台可以售卖没有品牌授权的产品

D. 跨境选品应倾向于选择体积小、重量轻的产品

4. Indiegogo 是全球知名的（　　）。

A. B2C 跨境电商平台　　B. 社交媒体

C. B2B 跨境货源网站　　D. 众筹平台

5. 跨境电商卖家寻找适销的产品时，不建议采用的方法是（　　）。

A. 参加品类展会　　B. 关注自己店铺的装修

C. 关注同行网站和店铺　　D. 利用现有供应商资源

6. 下列选项中不属于跨境选品原则的是（　　）。

A. 产品有稳定货源　　B. 考虑同行竞争程度

C. 要符合用户需求　　D. 选品采用成本领先策略

7. 下列选项中不属于跨境电商站外选品工具的是（　　）。

A. Google Trends　　B. Jungle Scout

C. AMZScout　　D. 生意参谋

三、判断题

1. 选品对跨境电商运营来说地位不是很重要。（　　）

2. 跨境电商卖家掌握海外消费者的搜索习惯、支付习惯和购买习惯等十分重要。（　　）

3. 市场容量是一个静态数据，而市场潜力则是一个过程数据。（　　）

4. 跨境电商选品要分析竞品数据，结合自身优势，做好价格的差异化策略。（　　）

5. 在进行跨境选品时，需要调查产品的市场容量、市场需求趋势、市场潜力和竞争优势等数据和信息，这样才能找到适销的产品。（　　）

6. 主流跨境电商平台一般包括 eBay、AliExpress、Wish、Lazada、T-mall 等电商平台。（　　）

四、名词解释

1. 品类

2. 品类管理

五、简答题

1. 简述跨境选品的原则。

2. 简述跨境选品的策略。

六、综合训练题

某经营箱包的跨境电商准备在速卖通平台上架童包类产品，请帮助该店铺确定童包产品的站外跨境选品策略，填写在表 2-1 中。

表 2-1　　站外跨境选品分析

序号	选品思路	选品调研渠道	具体做法
1	浏览行业论坛、网站	跨境电商行业网站：雨果跨境网、亿邦动力	专业的论坛网站会报道最前沿、最新、最热的行业趋势和动态，关注雨果跨境网、亿邦动力的产品行业动态及平台动态，提前获得产品开发线索
2	参加品类展会		
3	联系现有供应商		
4	调研竞争对手的网站和店铺		
5	调研国内外众筹平台		
6	寻找网络达人		

任务 3　确定跨境商品价格

一、填空题

1. 速卖通平台的物流运费与卖家选择的____________和包裹有关。

2. ______________是基于成本定价，即根据成本来计算盈利。

3. ______________是寻找同类型商品中较有竞争力的对手跟价，不让对方抢占市场份额，以提升自己的竞争力。

4. ______________要求跨境电商卖家根据当地消费者的消费能力和市场价格进行价格调整。

二、单选题

1. 下列选项中，关于跨境电商商品价格的描述错误的是（　　）。

A. 上架价格是指商品在平台上传时所填写的价格

B. 销售价是指商品按店铺折扣销售的价格

C. 成交价指客户在最终下单后所支付的单位商品价格

D. 成交价 = 上架价格 × 折扣率

2. 速卖通平台的交易佣金是指（　　）。

A. 从 1688 网站采购商品的成本价

B. 在交易完成后，平台根据卖家订单成交总金额所收取的交易手续费

C. 卖家推广自己店铺及商品投入的运营成本

D. 开店时卖家向平台缴纳的保证金

3. 关于商品上架价格的计算方式，下列选项错误的是（　　）。

A. 上架价格 = 商品进价 + 运费 + 速卖通平台佣金 + 平均营销推广费用 + 类目保证金 + 预期利润

B. 上架价格 =（采购价 + 费用 + 预期采购利润）÷（1− 佣金率）÷ 银行美元买入价

C. 上架价格 =（采购价 + 跨境物流费用）÷（1− 预期利润率）÷（1− 佣金率）÷ 汇率

D. 上架价格 = 销售价 − 营销推广成本（优惠券、满立减、卖家手动优惠等）

4. 下列说法错误的是（　　）。

A. 跨境电商商品价格越高越好

B. 卖家可以通过对比平台各店铺相同商品的价格来定价

C. 卖家在上架商品前，应对每个商品仔细地称重并计算运费，将运费成本降至最低

D. 价格是影响商品选择和消费者购买欲的关键因素

5. 下列说法错误的是（　　）。

A. 平台营销费用是卖家推广店铺时需要投入的运营成本

B. 在速卖通平台完成交易后，卖家不需要支付交易手续费

C. 在速卖通平台上开店的卖家需要缴纳保证金

D. 物流运费是平台商品成本的组成部分之一

三、判断题

1. 速卖通直通车广告是按点击量付费的。（　　）

2. 联盟营销是速卖通平台联合各类海外媒体提供的一站式免费流量解决方案。（　　）

3. 根据跨境电商平台中小批发商居多的特点，对小巧轻便的产品可以打包销售，并免运费。（　　）

4. 基于成本的定价策略虽然可以让卖家避免亏损，但它有时可能会导致利润下降。（　　）

5. 在跨境电商交易中，运费是商品成本构成中非常重要的组成部分。（　　）

6. 在进行跨境电商商品定价时，可以不用分析平台同类商品价格和汇率变动情况。（　　）

四、名词解释

1. 上架价格

2. 销售价

3. 成交价

五、简答题

1. 简述速卖通平台商品成本构成。

2. 简述跨境电商商品定价策略。

六、综合训练题

根据商品详情页面（见图 2-1）信息，确定该商品的上架价格、销售价格和成交价格。

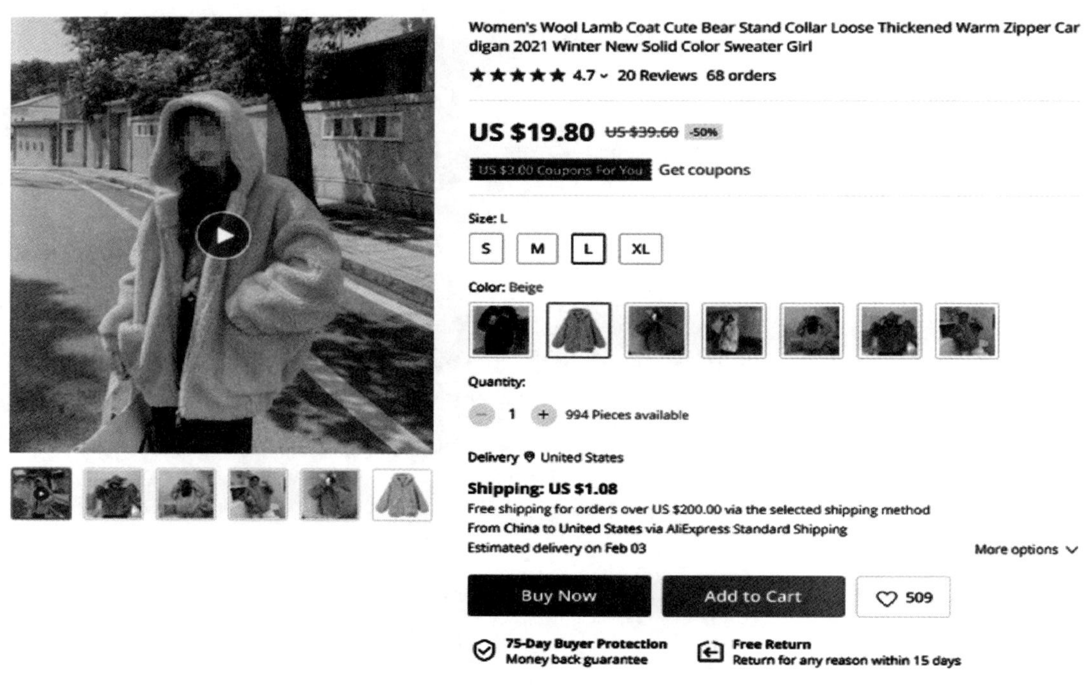

图 2-1 商品详情页面

项目三　跨境电商物流方案设计

任务 1　选择跨境物流方式

一、填空题

1. 与跨境电商的交易方式相配合，跨境物流的运作方式可分为________________和________________两种方式。

2. 从货物规格来看，跨境物流可分为________________________和________________________两种方式。

3. 中国邮政挂号小包是中国邮政针对质量________以下的小件物品推出的空邮产品，运送范围为全球 56 个国家及地区。

4. 中国邮政航空大包又称航空大包或中邮大包、国际大包，是通过邮政空邮服务寄往国外的大邮包。主要包括____________和____________两种。

5. ________是中国邮政速递物流为适应跨境电商较高价值物品寄递市场需要而推出的国际速递业务。

6. ________________________是指由第三方物流企业建设并运营的海外仓，可以为众多的出口跨境电商企业提供清关、入库质检、接收订单、订单分拣、多渠道发货、后续运输等物流服务。

二、单选题

1. 下列选项中不属于邮政物流方式的是（　　）。

A. EMS　　B. China Post Air Mail

C. ePacket　　D. Russian Air

2. 中国邮政小包对包裹质量的限制是（　　）。

A. 2 kg　　B. 1 kg　　C. 500 g　　D. 100 g

3. 下列关于跨境物流的说法，错误的是（　　）。

A. 跨境物流的物流作业复杂程度相对于国内物流要高

B. 跨境物流的运送周期短，运作风险与成本低

C. 跨境物流面临的运作环境更加广泛而复杂

D 跨境物流在运输过程中需要多语言作业

4. 中国邮政小包非圆筒货物的长 + 宽 + 高应不超过（　　）cm，单边长度应不超过（　　）cm。

A. 90，60　　B. 100，50

C. 90，50　　D. 100，60

5. 中国邮政平常小包是中国邮政针对订单金额（　　）美元以下、质量（　　）kg 以下的小件物品推出的空邮产品。

A. 5，2　　B. 10，2

C. 10，1　　D. 5，1

6. 下列关于中国邮政航空大包的说法，错误的是（　　）。

A. 以首重 1 kg、续重 1 kg 的计费方式结算运费

B. 可寄达全球 200 多个国家和地区

C. 部分目的地国家限重 10 kg，最重不超过 30 kg

D. 妥投速度快，查询信息更新快

7. 下列关于海外仓的说法，错误的是（　　）。

A. 海外仓的运转会导致库存压力大，仓储成本高

B. 从海外仓直接发货给客户，相当于境内快递

C. 货物发到海外仓，可以对货物进行实时有效的监控和管理

D. 可以实现自动化批量处理订单

8. 海外仓模式包括（　　）。

A. 自营海外仓和第三方公共服务海外仓

B. 自营海外仓和国内保税仓

C. 国内仓和国外仓

D. 进口仓和出口仓

三、判断题

1. 中国邮政平常小包是中国邮政针对订单金额 5 美元以下、质量 2 kg 以下的小件物品推出的空邮产品。（　　）

2. 中国邮政平常小包安全性高，丢包率低，并可全程跟踪物流信息。（　　）

3. 中国邮政航空大包以首重 1 kg、续重 1 kg 的计费方式结算运费，价格比国际 EMS 低，且和国际 EMS 一样不计算体积重量，没有偏远附加费，与商业快递相比有绝对的价格优势。（　　）

4. ePacket 俗称 e 特快，是中国邮政速递物流为适应跨境电商轻小件物品寄递市场需要，与主要电商平台合作推出的经济型国际速递业务。（　　）

5. 常用的国际商业快递方式包括 EMS、UPS、DHL、FedEx、Amazon FBA 等，不同的国际快递公司具有不同的渠道，在价格、服务、时效上都有所不同。（　　）

6. 跨境电商卖家无法像管理自己的仓库一样管理海外仓，货物一旦发到海外仓，卖家就无法接触到货物，无法对货物进行实时有效的监控和管理。（　　）

四、名词解释

1. 国际邮政包裹模式

2. 国际专线物流服务

3. 海外仓

4. 跨境物流

五、简答题

1. 简述海外仓的优劣势。

2. 简述海外仓的一般操作流程。

六、综合训练题

运用搜索引擎查找“中国邮政”物流产品的信息资料，对中国邮政物流产品进行比较分析，完成表 3–1 的填写。

表 3–1　　中国邮政物流产品比较分析

序号	项目	中国邮政挂号小包	中国邮政平常小包	中国邮政航空大包	e 邮宝
1	计价方式				
2	限重和尺寸				
3	寄送时效				

续表

序号	项目	中国邮政挂号小包	中国邮政平常小包	中国邮政航空大包	e 邮宝
4	物流信息是否可查询				
5	主要优势				

任务 2　设计跨境电商物流方案

一、填空题

1. ____________指在海外目的地国家和地区对商品进行配送产生的本地派送费用。

2. ____________是指需要运输的一批物品包括包装在内的实际总质量。

3. 采用国际商业快递寄送规则物品时，其体积重量计算公式是__________。

4. ________即经济运营商注册识别，是由欧盟成员国海关颁发给企业或个人的唯一必备数字标识。

5. ________称为商品用服务税。

二、单选题

1. 下列邮政小包中，可以运输带电产品的是（　　）。

A. 中国邮政挂号小包　　B. 中国邮政平常小包

C. 新加坡邮政挂号小包　　D. 中邮 e 邮宝

2. 下列选项中，不属于海外仓费用的是（　　）。

A. 头程运费　　B. 尾程运费

C. 税费　　D. 采购费

3. 国际商业快递运费计算中，首重是按（　　）kg 起计算。

A. 1　　B. 0.3　　C. 0.1　　D. 0.5

4.（　　）是指卖家将物品运送至目的国海外仓所产生的费用。

A. 头程运费　　B. 尾程运费

C. 入库费　　　　D. 出库费

三、判断题

1. 海外仓的仓储及管理费包括客户货物储存在海外仓库、处理分单和当地配送产生的入库费、仓储费、出库费、订单处理费等。（　　）

2. 新加坡邮政挂号小包适合包裹质量在 1 kg 以下小件物品，可发带电产品。（　　）

3. 按国际航空货运协会规定，货物运输过程中计收运费的重量是按整批货物的实重和体积重量中较高者计算。（　　）

4. 海外仓的出库费是指买家在平台上对卖家商品下单后，由海外仓第三方人员对其订单拣货打包产生的费用。（　　）

5. 跨境电商平台对企业选择物流方式的资源倾斜程度也是卖家制定物流方案的重要参考依据。（　　）

6. 体积重量小于实重的物品又称为轻抛物。（　　）

四、简答题

1. 设计跨境电商物流方案应考虑哪些因素?

2. 简述邮政小包和国际商业快递运费的计价标准。

五、综合训练题

1. 一位澳大利亚客户从 ABC Store 速卖通店铺购买了一个迷你毛绒玩具熊，迷你毛绒玩具熊的质量为 300 g（纸箱质量为 150 g），玩具熊的价格为 20 美元 / 个。

请完成以下练习：

（1）若选择中国邮政挂号小包和 e 邮宝运输，请分别计算运费。

（2）比较中国邮政挂号小包和 e 邮宝两种运输方式，店铺应该选择哪一种物流方式发货？

（3）某巴西客户购买了店铺一款内置电池的迷你毛绒玩具熊，价格是 50 美元 / 个，包装后的质量为 1 kg，应选择哪一种物流方式？并计算其运费。

中国邮政挂号小包报价（部分）见表 3–2；e 邮宝报价（部分）见表 3–3；新加坡邮政挂号小包报价（部分）见表 3–4。

表 3–2　中国邮政挂号小包报价（部分）

国家 / 地区列表		0～150 g（含 150 g）		151～300 g（含 300 g）		301～2 000 g	
		正向配送费（根据包裹质量按克计费、元 / 千克）	挂号服务费（元 / 包裹）	正向配送费（根据包裹质量按克计费、元 / 千克）	挂号服务费（元 / 包裹）	正向配送费（根据包裹质量按克计费、元 / 千克）	挂号服务费（元 / 包裹）
俄罗斯	RU	72.91	24.00	72.91	23.00	68.41	23.00
美国	US	90.35	39.00	89.35	39.00	88.35	39.00
法国	FR	67.52	13.45	49.75	15.82	49.75	15.82
英国	UK	52.41	17.95	52.41	17.95	51.41	17.95
澳大利亚	AU	79.57	16.50	74.57	16.50	71.57	16.00
德国	DE	60.13	16.32	51.13	16.52	51.13	17.02
以色列	IL	78.84	18.50	78.84	18.50	77.34	19.00

表 3–3　e 邮宝报价（部分）

国家 / 地区列表		首重（g）	质量资费（元 / 千克）每克计重，限重 2 kg	操作处理费（元 / 包裹）
美国	US	50	95.00	25.00
俄罗斯	RU	1	70.00	17.00
乌克兰	UA	10	75.00	8.00

续表

国家 / 地区列表		首重（g）	质量资费（元 / 千克）每克计重，限重 2 kg	操作处理费（元 / 包裹）
加拿大	CA	1	90.00	19.00
澳大利亚	AU	1	65.00	19.00
挪威	NO	1	80.00	19.00
沙特阿拉伯	SA	1	50.00	26.00

表 3–4　　新加坡邮政挂号小包报价（部分）

国家 / 地区列表		配送服务费（元 / 千克）每克计重，限重 2 kg	挂号服务费（元 / 包裹）
波兰	PL	119.20	16.90
巴西	BR	114.80	28.70
墨西哥	MX	116.30	26.70
南非	ZA	135.50	28.20
智利	CL	146.60	23.60
法国	FR	95.00	20.00

2. 某美国客户 A 在速卖通平台的一家服装店铺购买了 2 件女装，订单包装后的质量为 1.35 kg，包装尺寸为：30 cm × 40 cm × 10 cm（长 × 宽 × 高）。如果店铺卖家使用 UPS 寄送该包裹则需要多少运费？假设 UPS 业务资费为：运至美国，21 kg 以下货物首重 0.5 kg 为 150 元，续重 0.5 kg 为 20 元。

3. 深圳市某电子商务有限公司采用空运（普货空运方式）运送 35 kg 某货物到德国海外仓（由 4PX 代清关），请计算空运货物到德国海外仓的头程费用。我国空运至德国的费用报价见表 3–5。

表 3–5　我国空运至德国的费用报价

<table>
<tr><th>运输方式</th><th colspan="2">内容</th><th>运费（欧元 / 千克）</th></tr>
<tr><td rowspan="6">普货空运</td><td colspan="2">100 kg 以内</td><td>31.0</td></tr>
<tr><td colspan="2">100 kg 及以上</td><td>28.0</td></tr>
<tr><td rowspan="2">4PX 代清关</td><td>清关费 / 票</td><td>350.0</td></tr>
<tr><td>提货费 /kg</td><td>2.0</td></tr>
<tr><td rowspan="2">客户自有 VAT 税号清关</td><td>清关费 / 票</td><td>1 250.0</td></tr>
<tr><td>提货费 /kg</td><td>2.0</td></tr>
</table>

任务 3　设置店铺物流模板

一、填空题

1. ____________是商家线下签订协议的海外仓服务商或商家自建的海外仓库，它不属于菜鸟认证仓库。

2. “AliExpress Premium Shipping”属于速卖通的________类物流，这种物流的特点是时效快，物流服务体验好。

3. 店铺物流模板，在很多第三方跨境电商平台也被称为________，如何设置店铺物流模板，是跨境电商卖家入行都会遇到的一个问题。

4. 速卖通平台卖家如果使用第三方海外仓，需要提供以下资料：客户代码、与第三方物流商签订合同的照片、使用第三方物流系统的后台截图、__________和__________。

5. 速卖通平台将对海外仓发货订单的物流________、________及时效等指标进行考核。

6. 速卖通平台海外仓服务包括____________和____________。

二、单选题

1. 下列选项中不属于设置物流运费模板应考虑的因素是（　　）。

A. 计费标准　　B. 运输流程

C. 通关清关　　D. 转化率

2. 在速卖通卖家后台新建一个“运费模板”，应该从（　　）模块进入。

A. 交易　　B. 账号及认证

C. 商品　　D. 店铺

3. 下列选项中不属于速卖通平台提供的物流运费模板类型的是（　　）。

A. 经济类　　B. 简易类　　C. 标准类　　D. 自营类

4. 菜鸟专线经济线路属于速卖通的（　　）物流线路。

A. 经济类　　B. 标准类　　C. 快速类　　D. 简易类

5.（　　）物流的特点是时效慢，一般不收取挂号费，适合 5 美元以下的产品运输。

A. 经济类　　B. 标准类　　C. 快速类　　D. 简易类

6. 如果速卖通卖家申请自营海外仓，不需要提供的资料是（　　）。

A. 海外仓地址　　B. 库存查询截图

C. 中国发货证明　　D. 海关通关证明

三、判断题

1. 在申请海外仓权限中，由于海外发货地设置功能仅向通过审核的卖家开放，因此卖家需要先备货到海外，再提交申请，提供海外仓证明资料，通过审核后才能设置海外发货地。（　　）

2. 速卖通平台要求商品发货地必须和运费模板设置完全一致，因此对于海外仓卖家来讲，需要根据海外仓所在地新增或编辑运费模板。（　　）

3. 如果买家的订单为海外仓发货（即买家下单时选择的发货地非中国），则商品实际发货地可以与买家选择的发货地不一致。（　　）

4. 海外仓的物流模板分为经济类、快速类、其他类三大类。（　　）

5. 当物流跟踪率低时，速卖通平台将取消卖家的海外发货地设置权限（即海外仓权限），并保留对店铺处罚的权利。（　　）

6. 中国邮政平常小包属于速卖通平台中的标准类物流线路。（　　）

四、简答题

1. 简述申请海外仓权限的注意事项。

2. 简述通过速卖通海外仓发货的注意事项。

五、综合训练题

某电子商务有限公司的 ABC Store 速卖通店铺需要新建 2 个运费模板，具体信息如下：

（1）新建 1 个运费模板，中国发货，发往俄罗斯、美国、加拿大、巴西、澳大利亚等国。单个包裹的平均质量约 700 g，包裹尺寸为 30 cm × 20 cm × 30 cm，卖家包邮，采用中国邮政挂号小包运送，承诺运达时间为 30 天。

（2）新建 1 个运费模板，中国发货，发往澳大利亚、挪威。单个包裹的平均质量约 650 g，包裹尺寸为 30 cm × 20 cm × 20 cm，标准运费减免 10%，采用中邮 e 邮宝运送，承诺运达时间为 30 天。

请根据以上信息完成运费模板的设置。

项目四　跨境店铺运营

任务 1　商品上架与发布

一、填空题

1. 速卖通平台的商品主图可以使用宽高比为 3∶4 的比例，具体的尺寸应不低于____________。

2. 好的商品标题能提高商品的________和________。速卖通平台的商品标题最多使用________个字符。

3. __________是指商品本身固有的性质，是商品在不同领域的差异性的集合，如颜色、材质、特性、尺寸、使用方法等各个方面。

4. 类目指的是商品的________和______，类目定位准确有助于商品获得更多的精准匹配的流量。

二、单选题

1. 下列选项中属于速卖通平台商品主图推荐尺寸的是（　　）。

A. 800 px × 800 px　　B. 600 px × 800 px

C. 600 px × 600 px　　D. 900 px × 1 280 px

2. 下列选项中不是商品信息编辑和卖点提炼应当注意的要点的是（　　）。

A. 尽量术语化描述　　B. 充分了解商品

C. 避免夸大描述　　D. 机器翻译结合人工翻译

3. 下列英文单词中，相当于中文计量单位“个”“件”“只”等的是（　　）。

A. unit　　B. piece　　C. pair　　D. only

4. 下列选项中不是商品定价需要考虑因素的是（　　）。

A. 预期毛利润　　B. 运费

C. 商品交货期　　D. 汇率

5. 速卖通关键词数据的最重要来源是（　　）。

A. 产品刊登　　B. 店铺设计

C. 品牌故事　　D. 生意参谋

6. 下列说法正确的是（　　）。

A. 错误的类目选择对商品的正常曝光影响不大，可以为商品选择不同类目来获得自然流量，增加商品曝光

B. 如果发现自己店铺没有对应的类目，可以通过右下角位置的“点此申请店铺类目权限”来申请该品类的销售权

C. 速卖通商品类目的排列方式是从上到下，上边的类目是母类，下边的类目是子类

D. 类目定位的准确度对于商品获得更多精准匹配的流量帮助不大，不如在关键词撰写上多花些时间

三、判断题

1. 速卖通商品图片上最好不要出现文字，但供应商提供的图片所包含的中文字体不大的话是可以接受的。（　　）

2. 合格的商品主图在方便买家了解商品的同时，也有利于提升转化率。（　　）

3. 运费倒挂是指商品的定价非常低，把运费价格定得非常高。这种情况是平台禁止的。（　　）

4. 速卖通类目指的是商品的类型和目录，分一级类目和二级类目两个层级。（　　）

5. 速卖通刊登商品因乱用品牌词侵权容易受到平台的处罚，但把品牌词藏在标题中间不算违规，可以完美合理地规避这一处罚。（　　）

6. 刊登商品时，自定义属性可以给商品带来“系统推荐”与“商品标题”以外的曝光量，增加商品被更多买家搜索到的机会。（　　）

7. 速卖通平台商品标题至少使用 128 个字符，值得注意的是，一个英文字母占一个字符，一个汉字占两个字符，每个空格也占一个字符。（　　）

8. 好的标题能提高商品的曝光量和订单量，是商品获取平台自然免费流量最重要的要素之一。（　　）

四、名词解释

1. FAB 法则

2. 商品详细描述

3. 核心词

4. 属性词

5. 流量词

6. 长尾词

五、简答题

1. 简述速卖通平台对商品图片的相关要求。

2. 简述商品“三段法”标题构成。

六、综合训练题

某电子商务有限公司跨境电商运营专员小张将按照速卖通平台的商品上架规则，确定商品的上架价格信息，做好 10 款卫衣（女）商品的上架准备。请完成以下练习。

（1）查询商品刊登规则，完成表 4–1 的填写。

表 4–1　　商品刊登注意事项

要求	内容
1. 商品标题撰写及长度要求	
2. 需要准备商品图片数量及尺寸要求	
3. 商品所属类目要求	

续表

要求	内容
4. 是否允许水印出现在图片上	
5. 是否可以添加自定义属性	
6. 是否可以将相同商品重复刊登	

（2）根据以下信息确定女款卫衣的上架价格。

供应商提供的女款卫衣采购成本价格为 60 元 / 件，购买 100 件以上为 50 元 / 件；卫衣单重为 450 g，预估包装后单重为 500 g。速卖通平台类目佣金在平台后台可查询；公司要求卫衣预期毛利率不低于 20%。请计算女款卫衣深圳直发零售价格，并完成表 4–2 的填写。

表 4–2　　商品价格刊登表

项目	内容
商品采购成本 / 元	
国内运费预估 / 元	
平台佣金比例	
跨境运费 / 元	
预期毛利率	
零售价格 / 元	

任务 2　店铺设计与装修

一、填空题

1. 速卖通店招图片可以支持的格式有________和________两种，大小不得超过________。

2. 速卖通商品主图在满足不低于 800 px × 800 px 的尺寸基础上，主图的分辨率应不低于______dpi。

3. 当背景为纯白色时，商品本身颜色偏亮，调整色阶就很难达到目的，需要使用抠图工具来完成商品和背景的分离，可使用 Photoshop 的______________来抠图。

4. 速卖通店铺装修中，在完成模块编辑保存后，完成最后的预览和发布。如需要配合消费市场当地的节日活动，可以使用__________功能。

5. 网店的商品详情页主要由文字、________、________等元素构成，是向客户介绍商品属性、使用方法等详细情况的页面。

二、单选题

1. 速卖通 PC 端店招图片尺寸是（　　）。

A. 1 920 px × 90 px　　B. 750 px × 300 px

C. 1 920 px × 300 px　　D. 920 px × 920 px

2. 下列选项中，不是速卖通店铺导航栏默认板块的是（　　）。

A. Store Home　　B. Best Selling

C. Products　　D. Feedback

3. 下列选项中，不是商品主图设计原则的是（　　）。

A. 主图清晰　　B. 构图占比合理

C. 纯色背景　　D. 边框美化

4. 下列选项中，不属于速卖通商品详情页中物流政策内容的是（　　）。

A. 发货时间　　B. 到货时间

C. 退换货政策　　D. 运费预估

5. 商品详情页设计的注意事项不包括（　　）。

A. 充分了解商品　　B. 分析目标人群

C. 设置促销活动　　D. 照顾浏览体验

6. 速卖通无线端店招图片尺寸是（　　）。

A. 1 920 px × 90 px　　B. 750 px × 300 px

C. 1 920 px × 300 px　　D. 920 px × 920 px

三、判断题

1. 速卖通店招要求简洁明了，突显店铺的整体风格，因此在色调选取上应当考虑和店铺布局色调一致。（　　）

2. 速卖通商品图片可以有边框和水印，但不能有品牌 LOGO。（　　）

3. 通过 Photoshop 软件调整主图构图占比的方法是选择“自由变换”命令，拖动变换边框调整。（ ）

4. 商品详情页模块按照重要性从上到下顺序罗列，即按营销页头、图文描述、商品属性、物流政策、客服支持、评价的顺序依次罗列。（ ）

5. 如果商品颜色为白色或各种浅色，抠图效果不佳时，建议在拍摄时直接改用其他颜色的背景布替换纯白背景，这样后期就可以顺利处理成简洁背景。（ ）

6. 商品主图设计需要从商品拍摄源头开始构思，如拍摄角度、补光等。（ ）

四、简答题

1. 简述速卖通商品详情页的组成及设计注意事项。

2. 速卖通店铺装修应设置哪些模块?

五、综合训练题

某电子商务有限公司的跨境电商运营团队要对目前运营的儿童玩具店铺开展店铺视觉设计，团队商量将速卖通店铺定位为“儿童玩具垂直类店铺”，并着手设计制作店招。

（1）确定速卖通店铺店招的制作标准和设计方案，完成表 4-3 的填写。

表 4-3　　店招设计方案

店招尺寸 /px	
店招大小 /MB	
店招图片格式	
店招设计色调	
店招文案 / 字体	
店招构图思路	

（2）根据店招设计方案，使用 Photoshop 软件制作该店铺店招，以 PNG 或 JPG 格式保存。

任务 3　店铺商品 Listing 优化

一、填空题

1. 速卖通商品详情页的________模块是客户了解商品信息的重要途径，是对商品较详细的介绍说明。

2. 同一个单词在标题里反复出现，或者加上修饰词后多次出现，这种情况称为________，会被降低商品页面搜索排名权限。

3. 速卖通高质量标题必含核心词、________和________。

4. 速卖通商品标题字数不能过长，以英文标题为例，标题字符数不能超过________个，每个单词________大写。

二、单选题

1. 下列选项中不属于商品 Listing 优化内容的是（　　）。

A. 商品标题　　B. 商品描述
C. 商品图片　　D. 物流方式

2. 下列关于速卖通平台关键词获取方式的说法，不正确的是（　　）。
A. 通过“生意参谋”获取关键词
B. 通过买家端“搜索下拉框”获取关键词
C. 通过直通车工具获取关键词
D. 通过商品页面下方的“Reviews”获取关键词

3. 下列选项中不属于速卖通商品标题组成内容的是（　　）。
A. 核心词　　B. 流量词
C. 搜索词　　D. 属性词

4. 下列关于速卖通商品标题优化的说法，正确的是（　　）。
A. 标题字符数可以超过 128 个
B. 切忌在标题中堆砌关键词
C. 商品标题允许出现其他品牌词
D. 标题可以包含跟商品特性无关的衍生信息

5. 下列关于商品描述优化的说法，不正确的是（　　）。
A. 撰写商品描述时应注意详细描写商品功能和优势，字数控制在 100～300 个单词，尽量使用简洁的语言
B. 为增加商品详情页的吸引力，可以通过图文结合的方式，在商品描述模块中插入“店铺服务描述”和“客户好评”截图
C. 可以从同行高销量 Listing 中直接复制和粘贴商品描述，这样可以让卖家赢得客户，提升店铺的排名
D. 可以考虑用“讲故事”的方式描述商品的独特卖点，将商品的主要功能展现出来

6. 下列关于商品图片优化的说法，不正确的是（　　）。
A. 一张高质量的主图不应有文字，图片要美观
B. 图片要清晰，必要时可以出现水印等标志
C. 图片应是高质量的原创图片
D. 图片摆放有逻辑顺序，有渐进关系

三、判断题

1. 去除对卖家没有用的关键词数据，最终保留并整理关键词，这是为了后期挑选关键词时更加精准，制作标题时更加方便。 （ ）

2. 在商品标题中，添加一些介绍商品功能、特征、卖点的属性词，这样才能吸引买家。 （ ）

3. 标题前 30 个字符的关键词权重较低，而买家只能看到标题的前 30 个字符。 （ ）

4. 翻译关键词的过程中可能会出现一些无法翻译的关键词，或者翻译出与商品不相关的关键词，这些词大概率是未经系统收录的品牌词，要格外小心，不要随便使用。 （ ）

5. 撰写商品标题时，要能直接抓住消费者的需求点，突出商品的卖点，同时要熟悉顾客的搜索习惯。 （ ）

6. 在速卖通平台上，不同类目产品的图片有不同的要求，应根据不同分类要求，打造相应类目的高质量商品图片。 （ ）

7. 优化商品图片时，图片尺寸应为 800 px × 800 px 及以上，图片横向和纵向比例建议为 1∶1 或 3∶4，以达到最佳显示效果，且文件大小不超过 2 MB。 （ ）

8. 卖家在速卖通平台最好上传 5 张商品图片，包括 1 张主图（页面显示的第一张图片）、4 张辅图（细节图、多角度图或场景图）。 （ ）

四、名词解释

1. 关键词

2. Listing

3. 客户评论优化

五、简答题

1. 获取高质量关键词的渠道有哪些？

2. 如何使用直通车工具收集关键词？

六、综合训练题

跨境电商运营专员小张发现店铺此前刊登上架的女童书包商品 Listing 质量不佳，导致该商品页面基本没有获得自然流量。目前该商品标题是：Cute Pink School

Backpack For Girl，该商品信息如图 4–1 所示，请完成该商品标题（Title）和商品描述（Description）的优化。

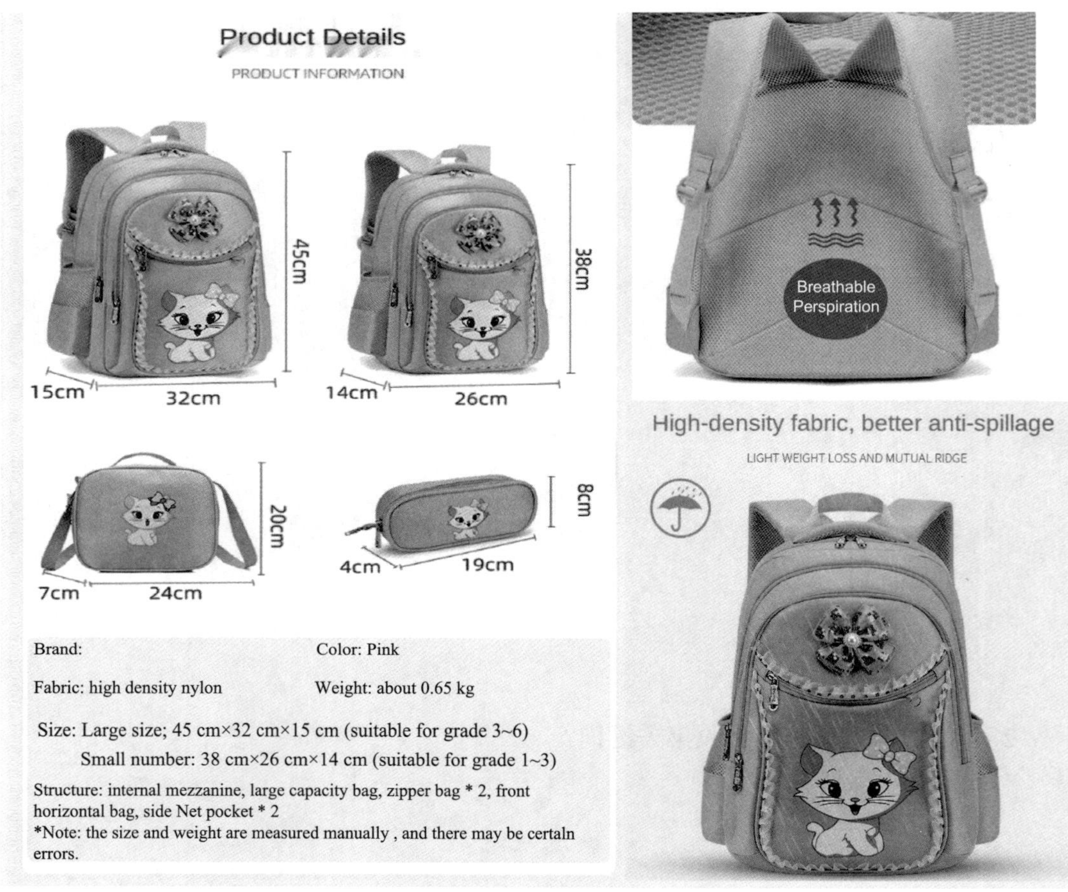

图 4–1　女童书包商品信息

（1）根据商品信息图，优化商品标题（Title），填写在表 4–4 中。

表 4–4　标题优化信息表

优化前的标题	Cute Pink School Backpack For Girl
优化后的标题	

（2）根据商品信息图及关键词信息，提炼商品卖点和功能，完成女童书包的商品描述（Description）优化，填写在表 4–5 中。

表 4–5　　女童书包商品描述（Description）优化

Backpack Material	
Backpack Size	
Scope of Use	
Spacious Capacity	

任务 4　店铺订单处理

一、填空题

1. 在订单处理过程中，卖家可以运用______工具网站 / 软件提升订单处理效率。

2. ________直接影响店铺信誉和服务等级，因此一定要重视订单处理。

3. 根据卖家和物流货代公司的协议进行打包和辨识内容张贴，然后把包裹交给货代公司，相关费用由卖家自行与货代公司结算，这种发货方式叫作__________。

4. ____________就是走平台提供的物流渠道，把货发往平台物流渠道指定的仓库。

二、单选题

1. 下列选项中不是可支持速卖通运营的跨境电商 ERP 的是（　　）。

A. 通途　　B. 店小秘

C. 马帮　　D. 美客多

2. 下列选项中不属于订单确认流程要确认的内容的是（　　）。

A. 客户收件地址是否完整，是否缺失城市、邮编等重要信息

B. 客户是否需要关联营销的商品，以摊低客户的国际运费成本

C. 客户收件人是否正确和完整，如俄罗斯要求明确中间名

D. 客户下单商品是否有库存，如果无库存需确认补库存的日期

3. 针对某客户用两个买家 ID 重复下单了同一个商品的情况，下列操作错误的是（　　）。

A. 本着节约成本和提升效率的出发点，合并两个订单并将跟踪号回填到两个订单

B. 本着严谨的原则，先暂停执行两个订单，立即将两个订单归入问题订单待处理

C. 通过站内信和客户取得联系，确认是否重复下单或者是否需要合并发货

D. 如 ERP 自动执行到仓库配货，立即联系仓库暂停订单并等待下一步执行

4. 下列选项中不属于订单执行过程中选择物流方案需要考虑因素的是（　　）。

A. 商品类型　　B. 物流成本

C. 发货时效　　D. 促销方案

三、判断题

1. 未付款的订单属于需要进行催付的范畴，但是也算正常订单，可进入订单处理流程。（　　）

2. 选择物流方案时应考虑的因素有商品类型、包裹重量、商品价格、物流速度、发货方式、突发状况等。（　　）

3. 全球交易助手、店小秘、通途等工具网站统称为 CRM 网站 / 软件。（　　）

4. 与线上发货相比，线下发货有更大范围的渠道可选，可以灵活处理特殊情况的订单。（　　）

5. 选择物流渠道时，在考虑成本的同时，要兼顾渠道的时效性。如果一味地寻找低价物流渠道，造成包裹延迟妥投甚至丢包就得不偿失了。（　　）

6. 虽然客户已经下单并付款，但还未通过平台的风控审核，这时卖家可以先登记订单以进入订单处理流程。（　　）

四、名词解释

1. 速卖通线上发货

2. 速卖通线下发货

五、简答题

1. 简述订单处理的过程。

2. 发货时如何进行物流渠道的选择？

六、综合训练题

跨境电商运营专员小张发现店铺的 5 个订单中有部分订单的买家没有明确订单发货渠道，他在处理订单时需要依据订单的具体情况选择合适的物流渠道。以下是其中两个订单的详细情况（见表 4–6），请为这两个订单选择合适的物流方案，并填写在表 4–7 中。

表 4–6　　订单详情

订单 1	订单 2
商品名称：粉色爱心玩具熊 重量：1.25 kg 包裹尺寸：35 cm × 40 cm × 15 cm 收件人信息： Contact name：Abo*** Fullerto Address：6*** W Commonwealth Ave，Fullerton，92868 California Country：United States Phone No.：（714）871–9***	商品名称：绿色乌龟小童腰包 重量：0.65 kg 包裹尺寸：25 cm × 20 cm × 15 cm 收件人信息： Contact name：Rac*** Gayette Address：2***，Rue de Sevres，75007 Paris Country：France Phone No.：+33（0）134121***

表 4–7　　物流方案

订单编号	推荐物流方案名称	运费价格	预计时效（天）
订单 1			
订单 2			

项目五 跨境电商营销推广

任务1 策划专题推广活动

一、填空题

1. 感恩节后的第一个星期一被称为____________，它是美国电商平台大促日。

2. __________是速卖通平台面向卖家会员发起的综合性、常规性的促销活动，平台会为这些大型活动制订专门的________________，短时间内形成流量爆发点。

3. 速卖通的平台活动包括一些固定频道活动，如 Super Deals（包括 Flash Deals）、试用频道、____________、________________、金币频道等。

4. 平台活动是速卖通面向卖家推出的免费推广服务，但是并不是所有的平台活动卖家都可以参与，卖家要通过________，查看报名要求和条件，符合条件的方可参加。

二、单选题

1. 下列选项中不属于海外电商购物节的是（ ）。

A. 亚马逊的 Prime Day　　B. 黑色星期五

C. 网购星期一　　D. 阿里 618

2. 下列关于专题推广活动策划的说法，不正确的是（ ）。

A. 节日前要规划营销策略，并做好各项准备工作

B. 在节前结合具体的节日特点进行活动策划，广告语、横幅、网页、海报、文案、照片、关键词等要契合节日主题

C. 活动内容要与平台节日营销活动内容相契合，可以不用推陈出新，但要具有自己的创意与风格

D. 在购物节狂潮来临前制订好周全计划，预先设置适当的营销工具，了解目标受众需求，至少提前1个月规划节日促销策略

3. 下列选项中不是速卖通平台活动包含的固定频道活动的是（　　）。

A. Super Deals　　B. 试用频道

C. 品牌闪购频道　　D. 店铺频道

4. 下列选项中不属于速卖通平台店铺活动的是（　　）。

A. 单品折扣　　B. 拼团

C. 满减活动　　D. 搭配活动

5.（　　）是11月的第四个星期五，在这一天，商家都会推出大量的折扣和优惠活动。

A. 黑色星期五　　B. 万圣节

C. 感恩节　　D. 亚马逊会员日

三、判断题

1. 平台活动是速卖通平台面向卖家会员发起的综合性、常规性的促销活动，所有卖家都可以无条件参加。（　　）

2. 平台专享邀约、推荐活动等平台活动都是根据店铺的整体运营效果，由平台实行邀请制参加的，是针对所有卖家的活动类型。（　　）

3. 由于跨境电商客服岗位的特殊性和时差的原因，客服在节日期间最好实行轮班制，并且一定要保证节日大促夜间有客服值班。（　　）

4. 全球购物促销活动Prime Day会员日是亚马逊每年举办的周年庆，时间一般在3月，旨在为特定国家的Prime会员提供促销、秒杀、打折的优惠活动。（　　）

5. 节日季是增加销售、获取新客户的好时机，了解国外主要节日及其传统的目的就是找到更适合推广自己企业产品的节日，抓住节日季大好时机来提升销量。（　　）

四、简答题

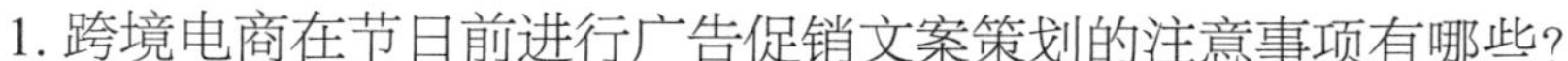

1. 跨境电商在节日前进行广告促销文案策划的注意事项有哪些？

2. 简述速卖通平台活动的内容和作用。

五、综合训练题

在圣诞节来临之际，跨境电商运营团队将结合速卖通店铺的主营箱包产品开展节日促销推广活动。请策划节日促销推广方案，完成表 5–1 的填写。

表 5–1　“圣诞节”店铺促销推广方案策划

1. 推广目的	
2. 推广步骤	
3. 推广方法	
4. 推广对象	

续表

5. 推广时间	
6. 人员安排	

任务 2　开展站内营销推广

一、填空题

1. 卖家可以通过________将店铺商品进行组合销售，实现关联商品推荐，搭配买更优惠，从而激发客户购买欲，有效提升商品转化率。

2. 速卖通店铺互动活动分为__________和__________两类

3. 速卖通直通车是按照______付费的一种广告模式。

4. 速卖通无线频道 Store Club，作为卖家的粉丝营销阵地，是根据买家和卖家的关注关系来显示内容，其功能类似于淘宝的________。

二、单选题

1. (　　) 是可以实现全渠道推广的虚拟券，能有计划地引流，刺激下单转化，刺激老客户再次成交等。

A. 单品折扣券　　B. 店铺优惠券

C. 满减活动券　　D. 团购券

2. 下列关于速卖通平台直通车的说法，不正确的是 (　　)。

A. 速卖通直通车又称 P4P 广告

B. 速卖通直通车是一种快速提升店铺流量的营销工具

C. 帮助店铺爆品获得更多的曝光机会，巩固并继续提升爆品的转化效果

D. 直通车推广是免费的

3. 下列关于联盟营销的说法，不正确的是 (　　)。

A. 速卖通联盟营销是一种面向卖家免费的推广模式

B. 参与联盟营销的卖家无须预先支付任何费用，推广过程完全免费，只需为联

盟网站带来的成交订单支付联盟佣金

C. 速卖通联盟营销是一种按效果付费的推广模式

D. 加入速卖通联盟之后，商品可以在现有的渠道得到曝光

4. 某速卖通卖家根据自身经营状况，对店铺设置“满 X 元优惠 Y 元”的促销规则，即订单总额满足 X 元，买家付款时则享受 Y 元优惠扣减。这种店铺促销活动方式称为（　　）。

A.“满立减”活动　　B. 店铺打折

C. 店铺优惠券　　D. 拼团活动

三、判断题

1. 速卖通联盟营销是一种按点击量付费的推广模式。（　　）

2. 速卖通直通车推广是一种按照效果付费的广告模式。（　　）

3. 速卖通直通车可以帮助卖家测试新商品，为开发新商品提供方向，为新商品备货提供库存量的参考数据。（　　）

4. 店铺拼团是一个可以更好地对外传播拉新的工具，通过拼团营销工具设置更低的折扣，吸引用户在站外和好友分享并共同下单。（　　）

四、名词解释

1. 站内营销

2. 店铺活动

3. 直通车

4. 联盟营销

五、简答题

1. 简述直通车推广的优势。

2. 简述速卖通店铺活动的类型。

六、综合训练题

ABC Store 店铺的秋季童包新品已经上线，与此同时店铺准备对过季的夏款童包开展促销活动，以降低库存成本、缓解资金压力。跨境电商运营团队近期准备策划一场为期 3 天（9 月 1 日上午 9 点至 9 月 3 日上午 9 点）的“满立减”活动，对滞销的 8 种夏款童包进行清仓处理。运营团队制定了 3 个不同的活动方案，具体如下：

“满立减”活动方案 1：单笔订单金额满 \$59 立减 \$10；单笔订单金额满 \$69 立减 \$20；单笔订单金额满 \$79 立减 \$30。

“满立减”活动方案 2：单笔订单金额满 $59 立减 $20；单笔订单金额满 $129 立减 $50；单笔订单金额满 $219 立减 $70。

“满立减”活动方案 3：单笔订单金额满 $99 立减 $30；单笔订单金额满 $169 立减 $50；单笔订单金额满 $269 立减 $80。

请测算以上 3 个“满立减”活动方案中哪一个是最符合营销目标的方案。

任务 3　开展海外社交媒体营销

一、填空题

1. __________即照片墙，是一款运行在移动端上的社交应用。

2.“SMART 原则”，即 Specific（明确）、Measurable（可衡量）、________（可达到）、__________（相关）和 Time-bound（有时限）。

3. 制定海外社交媒体内容策略包含三个重要的维度，即__________、__________和发布频率。

4. __________是全球职场社交平台，该网站的目的是让注册用户维护他们在商业交往中认识并信任的联系人，即“人脉”。

二、单选题

1. 下列选项中不属于海外社交媒体平台的是（　　）。

A. Facebook　　B. Twitter

C. Wechat　　D. Instagram

2.（　　）是一家全球知名微博客服务网站。

A. Facebook　　B. Twitter

C. Linkedin　　D. Instagram

3.（　　）堪称图片版的 Twitter，网友可以在该网站上找到自己感兴趣的图片并收藏，也可以在图片下留言，与其他网友交流。

A. Facebook　　B. Pinterest

C. Linkedin　　D. Instagram

4.（　　）是全球最大的视频网站，跨境电商卖家可以在该网站上建立自己的频道，挑选爆款产品并拍摄视频上传，进行宣传。

A. YouTube　　B. Pinterest

C. Linkedin　　D. Instagram

5.（　　）是谷歌旗下的社交媒体平台，是一个多语种的社交网络和身份服务网站。它的优势在于允许用户自己创建不同的社交圈子，建好圈子之后就可以向他人发送信息。

A. Google+　　B. Google

C. Baidu　　D. Yahoo

三、判断题

1. YouTube 采用瀑布流的形式展现图片内容，不需要用户翻页，新的图片会不断自动加载在页面底端，让用户不断地发现新的图片。（　　）

2. Facebook 又称脸书、脸谱网，主要创始人是比尔 · 盖茨。（　　）

3. VK 是俄罗斯知名的社交媒体平台。（　　）

4. Google+ 推出特色服务，分别为资讯串、相片、社交圈、个人资料、群组聊天（Huddle）、灵感话题（Sparks）、视频聚会和游戏。（　　）

5. 社交媒体营销是一种可以精准定位目标客户群体的营销方式。（　　）

四、名词解释

1. SNS

2. 海外社交媒体营销

五、简答题

1. 简述海外社交媒体营销的优势。

2. 简述海外社交媒体营销的步骤。

六、综合训练题

某速卖通店铺准备上线一款秋季毛绒玩具新品，为了做好新产品宣传、提升品牌曝光度，店铺准备利用海外社交媒体进行站外推广。请根据图 5-1 所示商品信息，制定海外社交媒体营销推广方案（答题可另附页）。

Description

Cartoon Perry The Platypus Plush Toys Soft Doll Stuffed Animals Duck Plush Toys for Boys Girls Christmas Birthday Gifts

Note: It is normal to be 1-2cm measurement error, and color maybe a little different due to monitor.

We can provide dropshipping and wholesale. If you have any questions, please feel free to contact with us!!!

description:

Color: picture

Plush classification: short plush

Filling material: PP cotton

Sales method: retail, wholesale, bulk transportation

Quantity: 1PC

Manufacturer recommended age: over one year old

图 5-1　店铺商品信息

任务 4　开展 EDM 营销推广

一、填空题

1. __________是要按需发送的。不同的客户有不同的习惯，所以要遵守相关规则进行发送，使发送的邮件能够最大限度地到达用户手中，实现最大的转化率。

2. 营销邮件的效果是可监控的，常用监测指标包括邮件__________、__________、打开率及转化率等。

3. 如果是提高网站流量的 EDM，可以从网站的______________和____________________方面来设定目标。

4. 邮件到达率的计算公式是________________________________。

5. 邮件打开率的计算公式是________________________________。

6. 邮件转化率的计算公式是________________________________。

二、单选题

1. 下列选项中不是 EDM 营销效果衡量标准的是（　　）。

A. 邮件到达率　　B. 邮件转化率

C. 变现率　　D. 邮件打开率

2. EDM 营销工具的用途不包括（　　）。

A. 市场调查　　B. 市场推广

C. 发送电子广告　　D. 店铺装修

3. 关于邮件标题的设计，下列说法不正确的是（　　）。

A. 标题要简短有力　　B. 要避免全部用大写

C. 可以使用少数敏感词　　D. 标题要具有吸引力

4. 关于邮件内容的设计，下列说法不正确的是（　　）。

A. 邮件内容要图文并茂，即使图片未能自动显示，也有文字吸引眼球

B. 邮件的附件越多越好、越详细越好

C. 要注意邮件内容的布局

D. 要注意邮件内容贴合主题，营造参与感，富有创意

三、判断题

1. 一个邮件标题的质量可以决定邮件的打开率，所以邮件标题要精心设计。 （ ）

2. 外贸邮件的标题和正文可以全部用大写。 （ ）

3. “Final hours to get 20% off an online clearance item!”这一邮件标题在强调打折信息。 （ ）

4. 跨境电商卖家在设置外贸邮件时，切忌邮件内容为纯图片或者只有链接，这种邮件被过滤概率非常高。 （ ）

5. 一般外贸邮件的头部包含退订链接、查看网页的链接、品牌 LOGO、导航条和邮件正文等内容。 （ ）

6. 在跨境电商营销邮件中，带有敏感词的标题容易被屏蔽。 （ ）

四、名词解释

1. EDM

2. 邮件转化率

五、简答题

1. 简述 EDM 营销推广的流程。

2. 如何有效设定邮件的标题？

六、综合训练题

某速卖通店铺（店铺地址：abcbagshop.aliexpress.com）的童包新品已经上线。为了回馈新老客户，店铺打算对两款童包新品进行打折促销活动，通过电子邮件营销为店铺引流，提高客单价。请根据表 5–2 所示活动要求，设计促销活动邮件，完成表 5–3 的填写。

表 5–2 EDM 营销活动策划

<table>
<tr><th>项目</th><th colspan="2">内容</th></tr>
<tr><td>1. 活动时间</td><td colspan="2">2023 年 5 月 22 日至 6 月 2 日</td></tr>
<tr><td>2. 活动主题</td><td colspan="2">新品折扣促销活动</td></tr>
<tr><td>3. 活动对象</td><td colspan="2">速卖通平台欧美市场买家</td></tr>
<tr><td>4. 活动方式</td><td colspan="2">通过 Mailchimp 群发电子邮件</td></tr>
<tr><td>5. 活动内容</td><td colspan="2">新老客户购买指定两款（A、B 款）童包可获得 10% 折扣（10% off）</td></tr>
<tr><td rowspan="2">6. 活动产品</td><td>A 款</td><td>B 款</td></tr>
<tr><td>• Brand：HHY
• Size：32 cm × 25 cm × 15 cm
• Weigh：0.5 kg
• Color：Blue/Rose
• Gender：Boys/Girls
• Material：Polyester
• Feature：Waterproof/Light/Comfortable/ Package Includes a pc bag
• Age：6 ~ 12 years old</td><td>• Brand：BBT
• Size：41 cm × 30 cm × 12 cm
• Weigh：0.5 kg
• Color：Black
• Gender：Boys/Girls
• Material：Polyester
• Feature：Waterproof/Light/durable to use
• Age：6 ~ 12 years old</td></tr>
</table>

表 5–3　　童包新品促销邮件内容设计

项目	内容
1. 邮件模板风格选择	□销售产品　□发布公告　□讲故事　□跟进　□教育
2. 邮件标题文案	
3. 邮件内容文案	
4. 使用的图片描述	
5. 插入店铺链接地址	

项目六 跨境电商客户服务

任务 1 熟悉客户服务工作内容

一、填空题

1. 跨境电商客服属于________客服的一种，是基于________的一种客户服务工作。

2. 跨境电商客服人员要做好客户咨询回复工作，首先要了解__________的类型。

3. __________是企业保持或扩大市场份额的重要条件。

4. 跨境电商客服的工作范畴包括：售前客户咨询回复、__________、__________和维护客户关系。

二、单选题

1. 关于翻译工具，下列说法错误的是（　　）。

A. 有道词典同时具有网页版和移动客户端版

B. 金山词霸支持中文与英语、法语、葡萄牙语、意大利语、日语 5 种语言互译

C. 百度翻译支持全球 200 多种语言、近 4 万个翻译方向

D. CNKI 是专业翻译网站

2. 关于翻译工具使用技巧，下列说法错误的是（　　）。

A. 尽量进行整段翻译　　　　　　B. 以英语为媒介

C. 反复检验　　D. 对翻译结果进行校正

3. 关于跨境电商客服工作内容，下列说法错误的是（　　）。

A. 跨境电商平台的客服一般都会主动撰写或分享自己使用商品的心得

B. 客服人员在客户收到货物后可以邀请对方对产品做出评价

C. 客服人员不能向客户有偿索要评价

D. 对于差评，客服人员应立即跟进处理

4. 跨境电商客服与国内电商客服最大的不同体现在（　　）。

A. 从业人员英语及其他语种的语言沟通水平

B. 所面向的客户群体不同

C. 从事的平台不一样

D. 工作时间不一样

5. 下列选项中，不属于跨境电商客服工作内容的是（　　）。

A. 开发新品　　B. 解答客户咨询（价格、物流）

C. 订单受理　　D. 处理纠纷和投诉

三、判断题

1. 跨境电商客服需要将客户对商品的建议及时传递给公司相关部门。（　　）

2. 跨境客服人员主要为客户提供服务，不需要很了解产品。（　　）

3. 运输方式、运输时间、通关清关、退换货等问题也需要跨境电商客服回复。（　　）

4. 客服人员应主动积极地联系客户，提高服务满意度。（　　）

5. 在跨境电商活动中，境外客户往往首先接触的是在线客服人员，而不是销售人员，因此，客服工作越来越被跨境电商企业所重视。（　　）

6. 各种翻译工具给跨境电商客服工作中的客户沟通带来了便利，客服人员可以直接使用这些翻译工具与客户进行沟通，不需要考虑翻译的准确性。（　　）

7. 跨境电商客服的一个重要任务就是邀请客户对商品进行评论，增加商品的好评率。（　　）

8. 由于网上交易客户在下单前不能看到实物，而且货物是跨境销售，因此整个销售过程比国内电商更为复杂，销售完成时间更长。（　　）

四、简答题

1. 简述跨境电商客服的工作范畴。

2. 根据下单后的流程，跨境电商的售后服务主要包括哪几个环节？

五、综合训练题

某速卖通店铺跨境电商客服专员张平在店铺后台查看到一位巴西客户在 9 月 17 日发来站内邮件，该客户于 9 月 15 日在店铺购买了 1 个时尚鼠标，其邮件内容为："Hello, dear.I have finished the payment.When can I receive this item?" 鼠标商品详情页信息如图 6–1 所示，店铺物流信息见表 6–1。请根据表 6–2 所示邮件模板撰写回复邮件，告知顾客已发货。

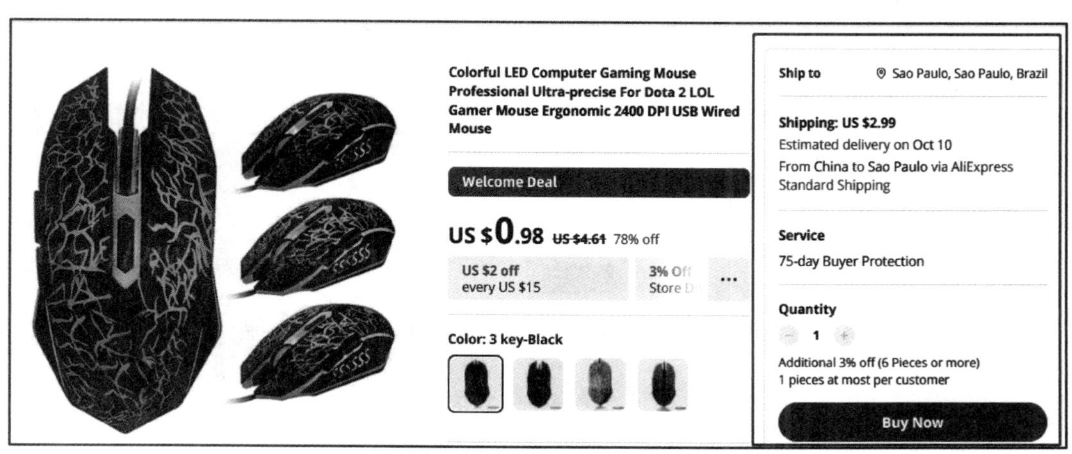

图 6–1　鼠标商品详情页信息

表 6–1　　店铺物流信息

发货时间	72 小时内发货
发货方式	AliExpress Standard Shipping
物流信息查询网址	https://www.17track.net/zh–cn
物流单号	7772366

表 6–2　　邮件模板

Dear ×××,

Thank you for your shopping.

×××××××（告知客户发货单号、发货时间等信息）

If you have any further questions, please feel free to contact me.

Best Regards.

Zhang Ping

任务 2　客户交易处理

一、填空题

1. 由于时差，一般建议回复客户邮件不要超过______小时。

2. 境外客户在下单前对商品的信息咨询主要集中在颜色、______、材质、运费、______、价格等方面。

3. 订单状态分为等待客户付款、____________、__________、交易成功四个环节。

4. 从客户进店________开始，客服人员就要对订单状态进行跟踪。

二、单选题

1. 关于跨境电商客服回复售前客户咨询的原则，下列说法错误的是（　　）。

A. 及时回复，礼貌真诚

B. 积极主动，主导沟通

C. 实事求是，控制期望值

D. 尊重客户的主导地位

2. 下列英文短句适合用来提醒客户尽快下单付款的是（　　）。

A. There are many elegant styles handbags for your selection

B. Hope you will come again next time

C. Our Products are of high quality

D. We will ship your order within 24 hours once your payment is confirmed

3. 关于客户咨询问题的回复，下列说法错误的是（　　）。

A. 与客户亲切、自然地打招呼

B. 介绍商品和质量

C. 告知客户付款同时答应尽快发货

D. 回答完客户的咨询后，催促客户立即下单

4. 下列选项中不适合用作回复客户问题邮件结束语的是（　　）。

A. Hello dear，what can I do for you?

B. Hope to see you again

C. Hope you will come again

D. Looking forward to your reply

5. 发现客户下单后未能及时付款，客服人员要及时跟进，弄清楚客户未付款的原因。下列选项中属于不合理处理未付款订单做法的是（　　）。

A. 提醒客户及时付款

B. 关闭付款通道

C. 提供价格折扣，促成客户付款

D. 修改未付款订单价格后再次催款

6. 下列选项中属于售前客服工作内容的是（　　）。

A. 查询快递单号　　B. 处理客户纠纷

C. 回答客户咨询并进行导购　　D. 进行退换货操作

7. 通常情况下，如果客户下单后未及时付款，卖家应该（　　）。

A. 在客户下单 1 至 2 天仍未付款，且未回复付款提醒邮件的情况下，推荐关联

产品

B. 通过提醒客户是否有一些关于产品价格、尺寸等问题，顺便提醒客户付款，承诺付款后会尽快发货

C. 立即提出为客户提供礼物或者折扣，促成客户付款交易

D. 主动发货，获取客户的信任

8. 在速卖通平台上，客服人员不允许采用（　　）的方式与询问的客户联系。

A. 站内信　　B. 电话

C. 邮箱　　D. TradeManager

三、判断题

1. 回复邮件用语要礼貌真诚，称呼得体，落款信息要准确，多用“你 / 你的”作主语，会让信函读起来充满热情。（　　）

2. “I have received your letter”要比“Your letter has been received”更加亲切和礼貌。（　　）

3. 为了让客户感受到优质的服务，客服人员应在回答完客户的咨询后，写一些简单的结束语，以感谢客户的光顾。（　　）

4. 客服人员为了达到销售目的，可以进行过度营销，做出过度承诺。（　　）

5. 发现客户下单后未能及时付款时，客服人员要直接取消订单，以免浪费时间。（　　）

6. 如果客户的未付款订单超过 2 天，且发送的邮件、站内信等均无回复，客服人员可放弃向该客户催付款。（　　）

7. 若是客服人员因时差、节假日等造成对客户的咨询回复不及时，可以先表示歉意，再通过优惠运费或促销等方式来赢取客户。（　　）

8. 如果客户未付款的原因是对商品细节的疑虑或对商品价格的犹豫等，客服人员可以不用做解释说明。（　　）

四、简答题

1. 客户下单后未付款的原因有哪些？

2. 发现客户下单后未能及时付款时，客服人员可以采取的策略有哪些？

五、综合训练题

9 月 10 日，跨境电商客服专员 Amy 在企业速卖通店铺后台查看到一个美国客户于 9 月 9 日下单了 1 个儿童背包后仍未付款。图 6–2 所示为该儿童背包详情页。

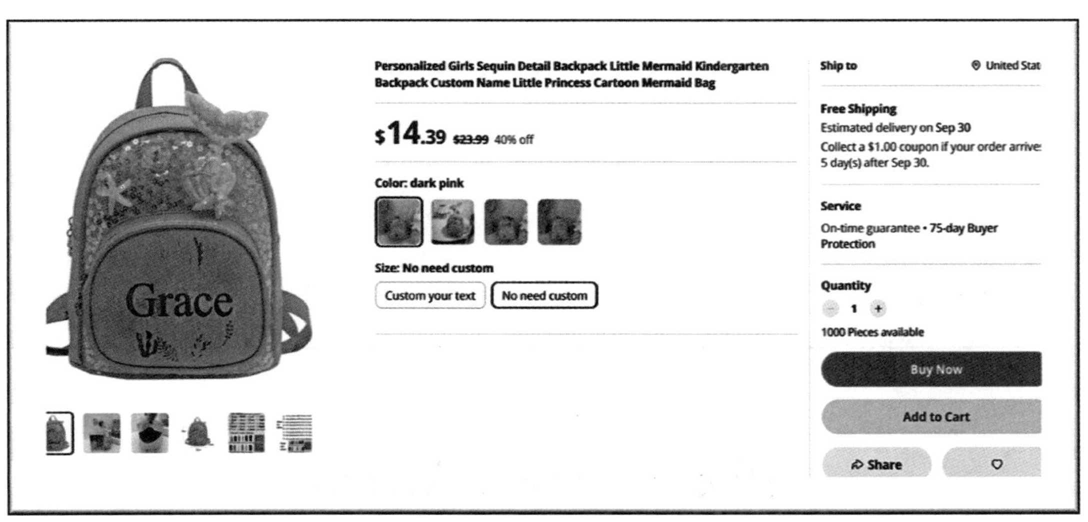

图 6–2　儿童背包详情页

（1）请根据表 6–3 所示邮件模板撰写站内邮件，主动了解客户未付款的原因。

表 6–3　　了解客户未付款原因的邮件模板

Hello，friend. Have a nice day! We appreciated your purchase from us.However, we noticed that you haven't made the payment yet. ××××××（询问客户未付款原因）   Thanks again! Looking forward to hearing from you soon. Amy

（2）该产品目前正在参与“新品上市”9 折大促，促销活动到 9 月 14 日结束，请根据表 6–4 所示邮件模板撰写站内邮件，告知客户促销活动内容，提醒客户早日付款，以免错过折扣 / 优惠期限。

表 6–4　　未付款订单处理的邮件模板

Dear friend, Thank you for your order. ×××××××××××（促销活动和付款提醒）   Best regards. Amy

任务 3　管理交易评价

一、填空题

1. 速卖通平台的评价分为__________和__________。

2. 客户在店铺选择商品时，会将____________作为重要的购买参考依据。

3. 速卖通平台的信用评价包括__________和评价内容。评价内容包括________和图片评论。

4. 速卖通平台采用________________记录店铺的客户评价。

二、单选题

1. 下列选项中不属于速卖通平台店铺评分主要内容的是（　　）。

A. Item as Described　　B. Communication

C. Shipping Speed　　D. Late shipment rate

2. 速卖通平台上已经全部发货的订单，在交易结束（　　）天内买卖双方均可以给对方留评。

A. 15　　B. 7

C. 30　　D. 60

3. 速卖通客户对某笔订单留评后，可以在（　　）天内进行追评。

A. 150　　B. 100

C. 30　　D. 60

4. 如果速卖通买家支付成功后取消订单，也可在订单结束后的（　　）天内留评。

A. 60　　B. 30

C. 150　　D. 75

三、判断题

1. 信用评价和店铺评分都是买家对卖家的单向评分。（　　）

2. 扰乱速卖通平台经营秩序的订单属于异常订单，针对异常订单，速卖通平台有权对其评价及销量做不计分、屏蔽、删除等处理。（　　）

3. 买家或卖家都不可以修改或者删除评价。（　　）

4. 客服人员在查询到客户收货后，可以发送留言或邮件，咨询客户对货物是否满意，如果客户满意，可请求其给予好评。（　　）

5. 如果客户给予了好评，客服人员可以再回复一封感谢信，对客户进行答谢，以吸引客户成为回头客。（　　）

四、简答题

1. 速卖通店铺的评价档案包括什么?

2. 速卖通平台异常订单有哪些类型?

五、综合训练题

某速卖通店铺主营女鞋，该店铺的跨境电商客服专员张平在查看速卖通店铺后台时发现收到了一条差评。请分析差评内容，了解客户给差评的原因，并撰写一封邮件与客户沟通，解决客户的实际问题。

（1）运用翻译工具了解客户差评内容，填写在表 6–5 中。

表 6–5　　差评内容翻译

翻译前	翻译后
Unbelievable！It's too bad！！They shipped the goods too late.What's even more frustrating is that I paid for the green shoes，but I received the red one. U WASTE MY TIME！	

（2）分析客户给差评的原因，填写在表 6–6 中。

表 6–6　　分析差评原因

原因 1	
原因 2	

（3）根据表 6–7 所示邮件模板撰写一封邮件，及时回复客户的差评，针对性地解决问题。

表 6–7　　处理差评的邮件模板

Dear friend, We are sorry to see that you left negative (or neutral) feedback relating to your recent purchase experience from our store. ××××××（针对原因 1 做出回应）   ××××××（针对原因 2 做出回应）   ×××××（给出弥补措施）   We hope then you can revise your feedback into a positive feedback for us! Thank you in advance. Best wishes. Zhang Ping

任务 4　处理客户纠纷

一、填空题

1. 速卖通平台上导致客户在交易中提起退款申请的纠纷主要有______________________和______________________。

2. 根据速卖通平台纠纷处理规则，买家在__________天内填写发货通知且卖家________天内确认收货，速卖通将根据退款协议执行退款。

3. ____________是指客户所收到的货物的数量少于订单上约定的数量。

4. 在处理纠纷问题时，客服应坚持__________的原则，站在客户的角度考虑纠纷问题的解决方法。

5. __________________是指客户收到的货物与卖家在网站相应的产品详情页面的描述存在颜色、尺寸、商品包装、品牌、款式 / 型号等方面的差距。

二、单选题

1. 客户纠纷过多所造成的影响不包括（　　）。

A. 平台系统会对店铺进行靠后排名处理

B. 店铺曝光率下降

C. 店铺订单量较少

D. 对店铺服务指标没有太大影响

2. 下列选项中不属于未到货纠纷的是（　　）。

A. 查无物流信息　　B. 货物在运输途中

C. 货物原件退回　　D. 货物与描述不符

3. 下列选项中不属于货不对版纠纷的是（　　）。

A. 货物与描述不符　　B. 卖家私自更改物流方式

C. 销售假货　　D. 货物破损

4. 在买家退货并填写退货信息后的（　　）天内，若卖家未收到退货或收到的货物货不对版，卖家也可以提交至速卖通平台进行纠纷裁决。

A. 10　　B. 30　　C. 60　　D. 150

5. 货物在海关被扣是指物流信息显示货物在海关，货物由于进口国海关要求而被扣留。下列选项中不属于海关扣留原因的是（　　）。

A. 进口国对进口货物有限制

B. 客户因关税过低不愿清关

C. 货物申报价值与实际价值不符

D. 客户无法出具进口国需要的相关文件

三、判断题

1. 速卖通平台交易过程中所产生的纠纷属于交易纠纷。（　　）

2. 若货物申报价值与实际价值不符，可能导致货物在海关被扣。（　　）

3. 在速卖通平台，若买卖双方对交易纠纷没有达成共识时，只有买家可以向速卖通平台提交纠纷申请。（　　）

4. 当客户由于商品纠纷投诉时，卖家要无条件给买家退款退货。（　　）

5. 如果客户提出想退货或换货，若卖家同意，客服人员应在邮件中给予提示如何退换货，并提供退货地址，同时要提醒客户退换的货物是不能影响二次销售的。（　　）

6. 客服人员若收到客户发来的投诉，要第一时间回复客户，询问引起纠纷的缘由，并要求客户提供证据，并请客户将货物退回。（　　）

四、简答题

1. 未收到货纠纷有哪些表现?

2. 货不对版纠纷有哪些表现？

五、综合训练题

某英国客户在速卖通店铺下单购买了一个马克水杯，16 天后，客户顺利收到了包裹，但他收到的水杯外观却存在明显的破损和划痕。由于该商品是客户送给女儿的生日礼物，对于商品外观的磨损，客户不能接受，于是向速卖通平台提起了退款申请。请运用所学知识处理该商品退款纠纷。